AF315033

THÉATRE DE M. COMTE.

NAPOLÉON

A BRIENNE,

PRONOSTIC EN TROIS TABLEAUX,

MÊLÉ DE COUPLETS,

PAR M. DEPONCHARTRAIN.

Représenté pour la première fois sur le théâtre des jeunes
Acteurs de M. Comte, le 11 Octobre 1830.

7.ᵉ Livraison.

NAPOLÉON

A BRIENNE,

PRONOSTIC EN TROIS TABLEAUX,

MÊLÉ DE COUPLETS;

PAR M. DEPONCHARTRAIN.

Représenté pour la première fois sur le théâtre des jeunes
Acteurs de M. Comte, le 22 Octobre 1830.

— ••• —

PARIS,

J. BRÉAUTÉ, ÉDITEUR,

LIBRAIRIE DE L'ENFANCE ET DE LA JEUNESSE,

PASSAGE CHOISEUL, N. 62.

1830.

PERSONNAGES.

LE GOUVERNEUR,
BONAPARTE,
LUCIEN,
LANNES,
DUROC,
BERTRAND,
POIGNARDIGNAC,
} Élèves.

FRÈRE IGNACE.
FRÈRE CASSE-BRAS.
ÉLISA,
HORTENSE,
PAULINE,
} Sœurs de Bonaparte.

LA SOEUR SAINTE-MARTHE, infirmière.
FRÈRES IGNORANTINS.
ÉLÈVES.

La Scéne se passe à Brienne.

NAPOLÉON

A BRIENNE.

PREMIER TABLEAU.

Le Théâtre représente un Réfectoire ; une chaise est au fond.

SCÈNE PREMIÈRE.

Le GOUVERNEUR, Frère IGNACE, Frère CASSE-BRAS.

LE GOUVERNEUR, *quelques notes à la main.*

Remettez-moi vos notes, frère Ignace.

FRÈRE IGNACE.

Les voici, monsieur le Gouverneur. Outre les comptes rendus sur la conduite de chaque élève de l'école de Brienne, vous pouvez penser, monsieur le Gouverneur, que je mets toute la sévérité possible dans mes fonctions d'inspecteur d'études.

FRÈRE CASSE-BRAS.

Et moi dans mes fonctions de correcteur, sans cependant oublier les saintes lois de notre ordre.

AIR : *de Marianne.*

D'un Dieu de bonté vrai ministre,
Je punis sans rémission,
Et seul en ces lieux j'administre
A chacun la correction.
    Dès le matin,
    Le fouet en main,
J'y suis encor souvent le lendemain.
    En vain l'on crie,
    On me supplie :
    C'est sans appel ;
    Et par ordre du Ciel,
Depuis que je suis à Brienne,
De les battre j'ai mal au bras ;
Pourtant je m'y résigne, hélas !
    Par charité chrétienne.

J'espère bientôt m'affranchir de cette fatigue au moyen d'une petite machine ingénieuse qui fustigera à la fois une douzaine de drôles.

LE GOUVERNEUR.

Que dites-vous ?

AIR : *A soixante ans.*

Gardez-vous, pour ces petits êtres,
D'inventer des tourmens nouveaux ;
Contentez-vous d'être leurs maîtres,
Mais ne soyez pas leurs bourreaux.
Il faut craindre un peuple qu'on lasse,
Et si long-temps il a tendu la main,

Il se réveille, il se lève, et soudain
Il prend le soir la férule, et la casse
Sur ceux qui frappaient le matin.

FRÈRE CASSE-BRAS, *à part.*

Cet homme-là n'entend rien à l'éducation.
(*Haut.*) Vos lumières, monsieur le Gouverneur,
ne peuvent que jeter un grand jour sur le système
d'enseignement que vous comprenez si bien.

LE GOUVERNEUR.

Voyons vos notes, messieurs. (*Il lit*) Duroc :
caractère rodomond, conduite indisciplinée... Cela
m'étonne, je l'ai toujours vu exact au service,
soumis, annonçant qu'il serait un jour un bon
militaire.

FRÈRE IGNACE.

Et un bien mauvais chrétien.

LE GOUVERNEUR, *continuant.*

Lannes....

FRERE CASSE-BRAS.

C'est le plus mauvais sujet de l'école ; quand il
nous a administré quelques coups de pied ou
quelques coups de poing, il croit qu'il vient d'a-
chever son éducation.

LE GOUVERNEUR.

Il y a de l'enthousiasme et de la bravoure dans
cette jeune tête-là ; il fera parler de lui. (*Il lit.*)

Bertrand : il suivra ses amis, celui-là... Ah! me voici à votre protégé, frère Ignace... Bonaparte.

FRERE IGNACE.

Bonaparte ! mon protégé, *bone Deus*, monsieur le Gouverneur !

Air : *Qu'il est flatteur d'épouser celle.*

J'ai presque honte de le dire,
Cet élève nous fait trembler ;
Et sur nous il a tant d'empire,
Qu'à peine osons-nous lui parler.
Quand sur moi son regard s'arrête,
Je sens mon courage fléchir ;
A lui commander je m'apprête,
Et je finis par obéir.

LE GOUVERNEUR.

Corse de nation et de caractère, il ira loin, si les circonstances le favorisent.

FRERE CASSE-BRAS.

Je crois aussi qu'il fera son chemin. Vous savez, monsieur le Gouverneur, que je suis assez physionomiste, et je parierais bien que Bonaparte sera un jour un excellent négociant ou un bon procureur.

LE GOUVERNEUR.

Air : *du Vaudeville du Piége.*

Votre art un jour pourrait bien avoir tort,
Car cet enfant, sous votre surveillance,

Est, je le crois, appelé par le sort
A jouer un grand rôle en France.
Peut-être un jour, comme certain Romain,
Vous lui direz : « César, je brûle
« De baiser cette auguste main
« Que frappa jadis ma férule. »

LE GOUVERNEUR.

(*Continuant à lire.*) Lucien Bonaparte....

FRÈRE IGNACE.

C'est un philosophe en herbe.

LE GOUVERNEUR.

Allons, messieurs, je ne vois rien de grave dans vos rapports, et je vais mettre à exécution aujourd'hui le projet de voyage de quelques jours, que je vous ai communiqué. Je vous transmets tous mes pouvoirs, et j'espèr que vous mériterez par vos soins la confiance que je vous accorde. Les Élèves vont bientôt partir pour l'exercice militaire. Ils viennent de ce côté : je me retire.

Air : *de Jérôme.*

Sur vous, messieurs, je me repose,
Que chacun fasse son devoir !
Mais sans rigueur, car je suppose
Qu'elle nuit toujours au pouvoir.

FRÈRE IGNACE, FRÈRE CASSE-BRAS.

Sur nous, monsieur, qu'on se repose,
Nous ferons tous notre devoir. ;
Mais la rigueur, je le suppose,
Est parfois utile au pouvoir.

SCÈNE II.

Frere IGNACE, frere CASSE-BRAS.

FRERE CASSE-BRAS.

Vous avez bien fait, frère Ignace, de filer doux
devant le Gouverneur.

FRERE IGNACE.

N'est-ce pas le mot d'ordre?

Air : *Ça s'ra chaud.*

Filons doux, *(bis.)*
Pour mieux préparer nos coups ;
Filons doux, *(bis.)*
Mais agissons en dessous.

Résister au Gouverneur,
Aurait trahi notre humeur ;
Pour l'aveugler, gens prudens,
Pour lui brûlons notre encens.

ENSEMBLE.

Filons doux, etc.

FRERE CASSE-BRAS.

En agissant au soleil,
Ce serait donner l'éveil ;
Mais noirs comme notre habit,
N'agissons que dans la nuit.

SCÈNE II.

ENSEMBLE.

Filons doux, etc.

FRERE IGNACE.

Chassés de tous les pays,
Il n'est pas, même à Paris,
Un ministère aujourd'hui
Qui n'ait des nôtres chez lui.

ENSEMBLE.

Filons doux, etc.

SCÈNE III.

Frere IGNACE, frere CASSE-BRAS, LANNES,
DUROC, BERTRAND, LUCIEN, MAURICE,
RUFINO, POIGNARDIGNAC.

TOUS.

Air : *Du Vaudeville de l'Ermite et la Pèlerine.*

Partons, amis, allons à l'exercice,
C'est le prélude enivrant des combats !
Et si la France appelle sa milice,
Brienne aussi fournira ses soldats.

DUROC , *se cachant dans les pans de l'habit de
frère Ignace.*

Je te défie, attrappe-moi ?

LANNES.

Sans doute.
Je vais, mon cher, renverser ta redoute.

FRERE IGNACE.

Cessez, monsieur, ce jeu nouveau !

TOUS.

Frère, nous jouons au corbeau.

(*Reprise du chœur en dansant.*)

Partons, amis, allons à l'exercice, etc.

FRERE CASSE-BRAS.

Cette conduite est affreuse.

POIGNARDIGNAC.

Est-ce que Lannes, frère Ignace, vous aurait donné un coup de pied ?

FRERE IGNACE.

Il le paiera cher... Quel aimable élève ! Si tous lui ressemblaient, nous serions dans un vrai pa-radis.

LANNES.

Oui, dans un paradis de tartuffes.

FRERE IGNACE.

Lannes, vous garderez les arrêts.

LANNES.

Tiens, cette farce ! et pourquoi ça ?

FRERE IGNACE.

Parce que, qui aime bien châtie bien.

FRÈRE CASSE-BRAS.

Nous vous portons tous dans nos cœurs, mes enfans.

DUROC.

Si Lannes va aux arrêts, j'y vais avec lui.

FRÈRE IGNACE.

Soit, allez-y tous les deux, et vous y resterez deux jours.

LANNES.

Si nous gardons les arrêts, Bonaparte y viendra avec nous; nous ne nous séparons jamais.

AIR : *Vaudeville de la Robe et les Bottes.*

Nous ne recevons de couronne
Que pour les partager entre nous.
Ici l'amitié nous ordonne
De prendre tous part à votre courroux.
Lannes, Duroc et Bonaparte.... en France
Voilà trois noms qu'on ne peut désunir !
Nous les avons liés dans notre enfance,
Nous les livrons ensemble à l'avenir.

FRÈRE IGNACE.

Votre Bonaparte, votre Bonaparte, ils n'ont que ce nom là à vous jeter à la tête : vous croyez donc que je n'oserai pas le punir ; je lui ferai mettre les poucettes.

LUCIEN.

Les poucettes à mon frère ?

FRÈRE CASSE-BRAS.

Non, je n'oserais pas, comme si nous avions peur, nous autres!

SCÈNE IV.

Les mêmes, BONAPARTE, *un livre sous le bras, les mains derrière le dos; il entre d'un air pensif, et se trouve sans intention auprès de frère Ignace. Frère Ignace et frère Casse-Bras, irrités d'abord contre lui, prennent à sa vue, et comme malgré eux, un air humble et soumis.*

FRÈRE IGNACE.

Toujours travaillant, méditant, ô puits de science!

FRÈRE CASSE-BRAS.

C'est bien ce que nous disions de vous tout-à-l'heure à ces messieurs.

(*Plusieurs de ses camarades lui disent bonjour; il répond par un signe de tête, et revient près de Lannes, de Duroc et de Bertrand, leur prend la main, et leur dit seulement bonjour; il va s'asseoir sur une table, mais en passant auprès de Poignardignac il lève les épaules.*)

POIGNARDIGNAC, *à part.*

Il paraît que je ne lui reviens pas, à ce petit ours là.

FRÈRE IGNACE.

Allons, messieurs, il faut partir pour l'exercice. Lannes et Duroc, vous seriez peut-être contens de rester aux arrêts, et c'est une raison pour que je vous en empêche. Vous irez tous sans aucune exception, et sous quelque prétexte que ce soit; que tout le monde parte.

BONAPARTE.

Je reste.

FRÈRE IGNACE, *à frère Casse-Bras.*

Dites donc à Bonaparte de se mettre dans les rangs.

FRÈRE CASSE-BRAS.

Vous ne l'avez donc pas entendu? il a dit: Je reste.

FRÈRE IGNACE.

Ah! il a dit : Je reste.... (*Il va à lui.*) Vous désirez....

BONAPARTE.

Je veux.

FRÈRE IGNACE, *à frère Casse-Bras.*

Il a dit: Je veux. (*Haut.*) Messieurs, que tout le monde parte, excepté Bonaparte à qui nous avions donné une exemption spéciale il y a trois jours. (*Ils se mettent en rang, et sortent sur le chœur d'entrée.*)

SCÈNE V.

BONAPARTE, *seul.*

Je reste seul. Je suis mieux, je n'ai pas autour de moi des gens qui parlent trop; ils me fatiguent. J'aime mieux m'enfermer avec Plutarque. (*Il montre un livre qu'il a sous le bras.*) Mon cœur bat aux grandes actions de ses héros.... Je suis jaloux d'Épaminondas; Aristide était un peu bête avec son titre de juste. Alexandre n'est pas mon homme; à jeûn c'était peut-être un grand capitaine, mais après dîner c'était un assassin.... Coriolan a eu des lauriers, mais il les a flétris en servant contre sa patrie. Il n'y a pas de gloire pour les traîtres. Au souvenir d'Annibal, je sens là comme du dépit : que le passage des Alpes est grand!...

Air : *Il me faudra quitter l'Empire.*

Ah! si j'étais général, sur tes traces
Je marcherais, Annibal; quel beau jour!
Où je pourrais sur les remparts de glaces,
Comme toi vaincre et régner à mon tour!
Sous l'avalanche et sur le précipice,
Du Saint-Bernard je tenterais l'accès:
Et sur le haut des glaciers je voudrais
Voir devant moi les moines de l'Hospice
Servir de guides aux grenadiers français.

Quel plan largement calculé!.. Avec ma carte, il me semble que je suis de l'armée qui a franchi ces Alpes.... L'ennemi est là.... (*Il se met à genoux sur une grande carte, et pique des épingles, quand frère Ignace et frère Casse-Bras paraissent, et occupent la partie opposée de la scène.*)

SCÈNE VI.

Frère **IGNACE**, frère **CASSE-BRAS**, **BONAPARTE**, *dans ses réflexions.*

FRÈRE IGNACE.

Oui, frère Casse-Bras, le moment est venu : le Gouverneur est éloigné ; il faut qu'à son retour il nous trouve à sa place. Il n'y a rien tel, frère Casse-Bras, que de savoir ce qu'on veut. Il ne suffit pas de dire à un protecteur : Je désire une place.... Il faut dire : Je désire la place de monsieur tel ou tel.

FRÈRE CASSE-BRAS.

Il y a encore mieux, frère Ignace, c'est d'abord de prendre la place, et puis de la demander après..

FRÈRE IGNACE.

C'est là où je voulais vous amener.

BONAPARTE, *occupé de son plan.*

Il n'y a pas d'obstacles qu'on ne puisse vaincre

FRERE CASSE-BRAS.

Qu'est-ce que vous parlez d'obstacles , mon frère ?... Vous me faites déjà peur.

BONAPARTE.

Avec un peu de mitraille on réduit tout.

FRERE IGNACE, *effrayé.*

Que parlez-vous donc de mitraille ?

FRERE CASSE-BRAS , *effrayé.*

Qu'est-ce qui a dit mitraille ? Ah ! mon dieu , Bonaparte était là !

BONAPARTE.

Quand donc serai-je à ma première bataille ! Cette maison est trop étroite pour moi, il me faut plus de terrain. Que c'est fatiguant de toujours obéir !

FRERE IGNACE, *à frère Casse-Bras.*

Laissez-moi agir, mon frère.... Oh ! vous avez raison, Bonaparte, le joug est lourd ; la règle sévère de l'École est bien pénible.... C'est que le troupeau n'est pas mené par un bon pasteur....Je voudrais que personne ne commandât ici, et que tout le monde obéît.

BONAPARTE.

Cela m'irait : Que personne n'obéît.

FRERE IGNACE.

Eh bien ! le moment est presque arrivé : le Gouverneur a besoin de sa retraite ; et si tous les élèves de Brienne entendent bien leurs intérêts, ils soutiendront la petite sédition que nous avons préparée pour eux. Vous, Bonaparte, vous avez sur vos camarades un grand empire.... Un mot de vous les déterminera, et nous vous gouvernerons en bons pères. (*A Bonaparte qui reste pensif.*) Vous ne dites rien ?

BONAPARTE, *à part.*

Une révolution pour moi!... Mon nom attaché à un mouvement, à quelqu'action d'énergie. Je ne sais qui m'entraîne?... Il y a là un démon qui me pousse, qui me dit que je ne suis pas fait pour l'inaction.

FRERE IGNACE, *à frère Casse-Bras.*

Notre projet lui sourit... Regardez comme son œil brille.

BONAPARTE.

Ain : *Connaissez mieux le grand Eugène.*

Oui, le besoin qui me dévore,
Est d'être actif.... hélas! je sens
Que mon bras n'a rien fait encore,
Trop de repos est mortel,.... Je me rends
A cette voix que dans mon cœur j'entends.

Sans calculer si j'ai raison ou tort;
Et je me lance au milieu des tempêtes,
Et peu m'importe où j'atteindrai le port.

Un changement... une secousse... ça me va:..
(*Aux Frères.*) Je vous protégerai.   (*Il sort.*)

SCÈNE VII.

Frere IGNACE et frere CASSE-BRAS.

FRERE IGNACE.

Nous le tenons, et notre affaire est sûre. Nous dicterons des lois, nous nous partagerons le budget de la maison ; les élèves en seront plus maigres.

FRERE CASSE-BRAS.

Cela n'en vaudra que mieux.

FRERE IGNACE.

Vous avez raison, ils seront plus faibles s'ils tentaient d'agir contre nous.

FRERE CASSE-BRAS.

Bon principe.

Air. *De l'Avare.*

Le peuple est toujours trop robuste,
Et si j'étais fait roi..... bientôt
Il n'aurait de force tout juste
Que pour venir payer l'impôt.

Oui, mon frère, je le répète,
Pour être maître en mes états,
Je nourrirais bien mes soldats,
Et mettrais le peuple à la diète.

Je ne sais si notre projet réussira, mais de fâcheux pronostics...

FRERE IGNACE.

Que voulez-vous dire?

FRERE CASSE-BRAS.

Ce matin, en sortant, j'ai rencontré plusieurs bandes de dindons....

FRERE IGNACE.

Ah! laissez-là vos dindons. Voici nos frères.

SCÈNE VIII.

LES PRÉCÉDENS, TOUS LES FRÈRES; *ils entrent à la queue, et se mettent de front à la fin du premier quatrain.*

TOUS.

Air: *Des Rêveries renouvelées des Grecs.*

A vos ordres, mes frères,
Ici nous nous rendons:
Est-ce pour des prières
Ou pour des oraisons?

FRERE IGNACE ET FRERE CASSE-BRAS.

C'est pour mieux que ceci ,
Il nous faut aujourd'hui
Être maitres ici !
Y consentez-vous ?

TOUS.

Oui.

(Ils croisent les bras sur la poitrine en signe
d'adhésion.)

FRÈRE IGNACE.

Mes frères, le moment est venu , notre triomphe est assuré, notre parti se grossit ; Bonaparte, qui est à notre tête , nous défendra avec ses camarades.

TOUS.

Bonne nouvelle !

FRÈRE IGNACE.

Air : *Perçons-lui les flancs.*

Mes frères , dansons
Et sautons,
Et chantons,
En ces lieux nous régnerons.

(Chœur en dansant.)

FRÈRE IGNACE.

Serrons-nous bien ce matin
De cette gente mutine,

SCÈNE IX.

Et puis nous saurons demain
Punir leur indiscipline.

TOUS.

Mes frères, dansons, etc.

FRÈRE IGNACE.

Qui vient à nous?

FRÈRE CASSE-BRAS.

C'est Poignardignac. Il y a quelque mauvaise nouvelle.

SCÈNE IX.

LES PRÉCÉDENS, POIGNARDIGNAC.

POIGNARDIGNAC.

Ah! mes frères, un instant encore, et vous ne saurez plus sur quel pied danser. Bonaparte vient de nous haranguer, et tous ses amis se dirigent sur vous et contre vous.

FRÈRE IGNACE.

Contre nous? c'est ce que nous verrons. Protestons hautement contre notre renversement.

Air : des Petites Danaïdes.

Gardons le pouvoir?

TOUS.

Je l' jure!

FRÈRE IGNACE.

Mettons-les sous l'éteignoir?

TOUS.

Je l'jure !

FRÈRE IGNACE.

C'est notre devoir.

TOUS.

Oui, je l' jure.

FRÈRE IGNACE.

Seuls ici nous commanderons ?

TOUS.

Je l'jure !

FRÈRE IGNACE.

Seuls ici nous régenterons ?

TOUS.

Je l'jure !

FRERE IGNACE.

Nous nous défendrons ?

TOUS.

Oui, je l'jure !

FRERE IGNACE.

Nous riposterons ?

TOUS.

Oui, je l' jure !

FRÈRE IGNACE.

Nous triompherons ?

TOUS.

Je l' jure !

FRERE IGNACE.

Ou bien nous mourrons ?

(*Silence.*)

Il paraît que cette dernière version ne vous va
pas ?.... Je vais vous en proposer une autre.....
Attention, tout le monde !

Nous nous sauverons ?

TOUS.

Je l' jure !

FRERE IGNACE.

Vous voyez bien qu'il n'y a que manière de s'ar-
ranger.... Cette proposition a passé à l'unanimité.
(*Ici on entend le pas de charge. Inquiétude des
Frères.*)

SCÈNE X.

LES PRÉCÉDENS, BONAPARTE, TOUS LES ÉLÈVES.

TOUS LES ÉLEVES, *en chœur.*

Air: *du Pas redoublé.*

Allons, chassons tous ces gens-là,
Mettons-les en déroute !

FRERE IGNACE.

Ah! pour nous, puisque les voilà,
Tout est perdu sans doute ?

BONAPARTE.

Du pouvoir vous étiez jaloux:
Je pense, bons apôtres ,
Qu'il vaut mieux le prendre pour nous
Que de l'offrir aux autres.

FRERE IGNACE.

Ah! vous croyez que nous vous donnerons la
place ?

BONAPARTE.

Si vous ne la donnez pas, nous la prendrons.

FRERE IGNACE.

C'est ce que nous allons voir.

BONAPARTE.

Eh bien ! c'est ce que vous verrez.

FRÈRE IGNACE.

Nous? fuir devant des enfans?

BONAPARTE, *aux siens.*

Commençons notre première campagne.

Air : *des Amazones*

Mes chers amis, ah! vous pouvez m'en croire,
Nous fiant peu sur le destin,
Je le prédis.... du temple de mémoire
Nous saurons seuls nous frayer le chemin.
Que vos âmes soient animées
Du feu sacré que déjà je ressens!
Et si nous sommes encor des pygmées,
Peut-être un jour nous serons des géans.

En avant!

(*Mélée générale. Les Frères se cachent ; on court après eux. Ignace et Casse-Bras sont sur le point de frapper Bonaparte ; Lucien pare le coup. Voyant leurs chefs pris, tous sautent par les fenêtres.*)

FIN DU PREMIER TABLEAU.

DEUXIÈME TABLEAU.

Le Théâtre représente un bivouac. Bonaparte dort assis sur une chaise, les autres sont debout groupés près de lui.

SCÈNE PREMIERE.

CHOEUR.

Air : *Dormez, chères Amours.*

Du froid subissant la rigueur,
On peut trembler sans avoir peur,
Car chacun de nous a du cœur.
Et pourtant privé de capotte,
Chacun de nous ici grelotte.

(Désignant Bonaparte.)

Lui seul dort comme en un palais ;
Peut-être il rêve à ses succès,
A la gloire du nom français,
Silence, amis, ah ! laissons-le dormir en paix.

(Ils reprennent en chœur.)

Lui seul dort, etc.

NAPOLÉON, *se réveillant.*

J'étais, ma foi, presqu'aussi bien sur cette chaise
que dans mon lit, au château... Il paraît que tout

a été tranquille....ça ne durera pas. Encore quelques instans, et si les Frères ne marchent pas contre nous, nous marcherons contre eux. (*Il regarde ses galons de caporal.*) J'ai un grade maintenant; j'ai été nommé sur le champ de bataille, et l'on ne m'appelle plus que le petit caporal. Ah! que ces galons me sont chers !

Air : De Turenne.

En me donnant leur confiance,
En me plaçant au-dessus d'eux,
Les compagnons de mon enfance
Ont satisfait mon orgueil et mes vœux.
Ces galons-là que j'étais loin d'attendre,
Leur amitié sur mon bras les plaça,
Reconnaissance à qui me les donna,
Malheur à qui voudrait les prendre.

Ce nom de petit caporal qu'ils m'ont donné me plaît... Ah! vous voilà, mes amis ?...

LANNES.

Oui, bien étonnés que tu aies pu dormir ainsi en plein vent.

BONAPARTE.

Laissez donc.... Là dedans nous étions en cage, ici du moins nous sommes parqués.

DUROC.

Ta tranquillité me surprend.

BONAPARTE.

Air : Du partage de la Richesse.

Quoi vraiment, cela vous étonne ?
Si je me suis aussi vite endormi,
C'est que la nuit est toujours bonne
Pour qui le jour a battu l'ennemi.
Comme avec bonheur on sommeille,
Et des vainqueurs c'est peut-être un grand tort,
Mais toujours un échec réveille,
Et toujours un triomphe endort.

FRÈRE CASSE-BRAS.

C'est sans doute pour cela que nous n'avons pas fermé l'œil de la nuit.

BONAPARTE.

Vous, ici ?

FRÈRR CASSE-BRAS.

Ah ! mon dieu, oui ; et bien m'a pris d'y venir avec ma chauffrette, car ces messieurs m'ont gardé, et m'ont forcé, malgré moi, d'attendre votre réveil ; et si j'ai eu chaud hier, j'ai eu diablement froid aujourd'hui.

BONAPARTE.

Que voulez-vous ?

FRERE CASSE-BRAS.

Je viens vous prévenir dans vos intérêts....

BONAPARTE.

Dans mes intérêts ? Laissez donc, vous ne faites jamais rien que dans les vôtres.

FRERE CASSE-BRAS.

Je viens vous prévenir, dis-je, que les chefs des colléges, qui le sont par la grâce de Dieu, vous le savez, connaissent votre conduite ; et craignant que ceux qu'ils sont chargés de diriger selon leur bon plaisir, ne se soulèvent aussi contre eux, ont fait une petite coalition, et vont fondre sur vous.

LANNES.

Ils vont fondre, laissons-les fondre.

FRERE CASSE-BRAS.

Si vous vouliez faire quelque chose pour nous, il y aurait peut-être manière de s'arranger en s'associant...

BONAPARTE.

Avec vous ? Je ne voudrais pas de vous pour mes commis, jugez si je vous accepterais comme associés ?

Air : *De la Somnambule.*

De vos pareils les demandes m'assiégent,
En leur faveur je ne veux pas agir;
Je sais que ceux même qui les protègent
Ont toujours à s'en repentir.

Tous vos discours ne sont que balivernes,
Et si j'étais maître de ces états,
De vos couvens je ferais des casernes,
Et de vous tous je ferais des soldats.

FRERE CASSE-BRAS.

Songez que les couvens sont nombreux.

BONAPARTE.

Cela ne m'étonne pas, la France est assez grande
pour qu'il y ait beaucoup de maisons de fous.

FRERE CASSE-BRAS.

Je voulais aussi vous parler de Poignardignac.

LANNES.

Il a déserté nos rangs.

BERTRAND.

Il nous a trahis.

BONAPARTE.

Que demande-t-il ?

FRERE CASSE-BRAS.

Il se repent, et voudrait revenir parmi vous.

BONAPARTE.

Air : *Du Calife.*

A ses vœux je ne puis me rendre ,
Non, jamais de grâce à celui

Qui demain peut-être ira vendre
L'homme qu'il sert aujourd'hui.
Après l'infamie il galoppe....
Quand d'un traître on a l'enveloppe
On trahit d'abord ses amis,
Ensuite on trahit son pays.

FRÈRE CASSE-BRAS.

Mais....

BONAPARTE.

Il est bien avec vous, qu'il y reste, et qu'on ne m'en parle plus.

FRÈRE CASSE-BRAS, *à part.*

Je crois que je ne gagnerai pas grand chose dans mon ambassade ; ainsi, ne manquons pas l'heure du déjeuner. (*Il tire doucement sa montre.*)

LUCIEN, *à Bonaparte.*

Pourquoi ne pas rentrer dans l'ordre ?

BONAPARTE.

Me soumettre, quand je puis commander !

LUCIEN.

Ecoute la raison.

BONAPARTE.

Non.

LUCIEN.

Je suis ton aîné.

BONAPARTE.

Je n'en serai peut-être pas moins un jour le chef de la famille.

LUCIEN, *prenant la montre de frère Casse-Bras, et la brisant sous ses pieds.*

Ton ambition te fera briser comme cette montre.

FRERE CASSE-BRAS.

Ne vous gênez pas..... Il me semble que vous auriez pu choisir tout autre objet pour votre comparaison.

LUCIEN.

Il fallait vous en aller plus tôt.

FRÈRE IGNACE.

Je n'aurais pas mal fait.... Vous n'avez rien à ajouter ?....

BONAPARTE.

Non.... Partez.

FRERE CASSE-BRAS.

Je vais porter votre ultimatum ; (*à part.*) mais il vous en cuira, mon petit bonhomme..... Ma pauvre montre !... dans quel état ils l'ont mise !.. ils me la paieront !... (*Fausse sortie ; il se cache.*)

BONAPARTE, *à ses camarades.*

Mes amis, on ne nous a peut-être envoyé ce parlementaire que pour nous faire perdre du temps :

songez que si la journée d'hier a été glorieuse, celle-ci doit être décisive ; il faut prévenir l'ennemi. Duroc, tu vas te porter avec la seconde division dans le chemin creux, en face l'aile gauche du château de Brienne ; toi, Bertrand, à l'entrée du petit bois, en face l'aile droite ; toi, Lannes, tu occuperas le moulin, et tu tomberas sur l'ennemi, quand nous l'aurons amené dans la plaine ; moi, je serai partout. (*Il cause avec eux, et semble leur expliquer ses projets.*)

FRÈRE CASSE-BRAS, *à part.*

Quand je l'entends commander ainsi, je crois que je me suis trompé en prédisant qu'il avait de la vocation pour l'état de procureur ; vrai, il semble avoir l'instinct des grandes choses, et une passion irrésistible pour la domination.

BONAPARTE.

Partons, et songez-y bien.

Air : *En vidant plus d'une Bouteille.*

Si nous n'obtenons la victoire,
Préparons-nous à la captivité ;
Ainsi, pour nous, le chemin de la gloire
Est celui de la liberté.

(*Tous se divisent et s'éloignent ; Bonaparte sort le dernier, lentement, et l'air pensif.*)

SCENE II.

FRERE CASSE-BRAS, *seul.*

Il ne veut pas de nous.... il s'en repentira peut-être plus tard... En tout cas, la note diplomatique n'est pas longue. Ah ! il ne veut pas de nous ? malheur à lui !

Air : *O Filii et Filiæ.*

Puisqu'il nous dédaigne, il verra
Que de lui l'on se vengera :
Le martinet est toujours là,
 Et cætera.

Quand l'incrédule sentira
Les ferrules qu'il recevra,
En notre pouvoir il croira,

Ah ! mon bon ange, ce sont des demoiselles, et parmi elles sont les sœurs de Bonaparte ! Est-ce que ce petit gaillard-là a envie de faire bivouaquer ici toute sa famille ? Allons dresser nos batteries.

SCENE III.

HORTENSE, ÉLISA, PAULINE.

CHOEUR.

Air : *De* la Muette. *Vive cette tante chérie!* (du Bon Camarade.)

Enfin, mes chères sœurs, notre voyage,
Ici va finir, je le crois,
Bonaparte deviendra sage,
Si de nous, en ce jour il écoute la voix.

ÉLISA.

Avez-vous remarqué comme tout le monde se pressait autour de nous ?

HORTENSE.

Excepté ces hommes noirs que notre approche a fait envoler, tous ceux à qui nous nous sommes adressé pour demander ou était Napoléon, ont été de la plus grande obligeance.

PAULINE.

En vérité, son nom est comme un talisman.

HORTENSE.

Je ne sais si je m'abuse, mais quand je pense à lui, et j'y pense bien souvent, il me semble qu'il est appelé à de brillantes destinées, Lucien, Joseph se mettent à rire quand je leur dis cela, mais je n'en conserve pas moins mon idée. Ah ! que je voudrais être plus vieille de dix ans !

Air : *O charmant pays de France ! du Jeune Grec.*

Destin, soulève le voile,
Qui cache son avenir :
Napoléon, ton étoile
Un jour doit-elle éblouir ?
Par la gloire et l'industrie
Cherchant la célébrité,
Saurait-il par son génie
Gagner l'immortalité ?
Destin, etc.

Du destin prenant le glaive,
Gravissant sur un laurier,
Peut-être un héros s'élève
Sous ses habits d'écolier.
Destin, etc.

PAULINE.

Mais puisque nous venons pour le gronder, il
faut que notre députation prenne bien garde de
laisser percer son admiration.

HORTENSE.

Oh! oui, nous le gronderons, je l'ai bien promis, en me joignant à vous, comme amie et
comme orateur.

BONAPARTE, *dans la coulisse.*

Pauline, Élisa et Hortense, où sont elles?

TOUTES.

Nous voici.

SCÈNE IV.

LES MÊMES, BONAPARTE.

BONAPARTE.

Ah! vous venez me surprendre? des femmes
dans un camp...

Air : *Du Piége.*

Excusez-moi... je vous reçois ici,
C'est ma demeure, est-elle bien choisie?

C'est en bon air, en beau pays aussi
Que vous m'y tiendrez compagnie :
J'en ai le bail depuis hier matin,
Et j'ai choisi, redoutant quelque piége,
Pour mon salon ce grand chemin,
Pour mon fauteuil ce tas de neige.

PAULINE.

Nous avons eu de la peine à vous trouver, mon frère.

ÉLISA.

Nous demandions Napoléon à tout le monde...

BONAPARTE.

Ah ! c'est qu'ils ne veulent pas me nommer ainsi ; ils prétendent que ce saint-là n'est pas dans le calendrier.

Air : *De Julie.*

Franchement, cela me fait rire ;
Et, parce que Napoléon
Sur l'almanach n'a pu s'inscrire,
Il a fallu m'ôter mon nom.
A chaque saint une place est donnée ;
Mais les faiseurs d'almanachs peu malins,
Ont fait, ou beaucoup trop de saints,
Ou trop peu de jours dans l'année.

HORTENSE.

Peut-être qu'un jour on lui trouvera une petite place.

BONAPARTE.

Est-ce que pour moi on ne pourrait pas en ôter un ? Saint Roch, par exemple...

HORTENSE

Savez-vous que je viens avec vos sœurs tout exprès pour vous faire des réprimandes.

BONAPARTE.

Des réprimandes, ma chère Hortense, j'ai rayé ce mot-là de mon dictionnaire; des réprimandes, j'en fais.... mais je n'en reçois pas.

ÉLISA.

Nous avons pourtant le droit de te donner des avis.

PAULINE.

De salutaires avertissemens.

HORTENSE.

De vous faire des remontrances.

BONAPARTE.

Eh! bien, mesdames, je consens à vous admettre dans mon conseil privé; mais aussitôt que je m'occuperai d'y faire des robes ou de broder des collerettes.

ÉLISA.

Il faut pourtant que tu nous écoutes.

HORTENSE.

Nous connaissons toute votre conduite, nous

savons ce qui s'est passé à Brienne; vous avez usurpé la place de vos maîtres, vous les avez expulsés.

BONAPARTE.

Il paraît que vos éclaireurs sont bien instruits.

PAULINE.

Et nous savons que tu as été nommé chef de la sédition.

BONAPARTE.

La sédition!... Pauline, tu ne sais donc pas le français? Les séditieux sont ceux qui oublient à quelle condition on a consenti à leur obéir. Quand ceux qui commandent sont des tyrans, ceux qui les chassent sont des héros.

HORTENSE.

Mais si, dans la lutte, vous deveniez le moins fort?

BONAPARTE.

Ne craignez rien; il y a des hommes qui sont nés pour réussir. Vous ne connaissez pas encore tous mes projets : je pense à mes frères, je pense même à vous, mes sœurs, à Hortense aussi.

HORTENSE.

Est-ce que vous voulez me faire capitaine d'un régiment d'amazones?

BONAPARTE.

Ce serait un corps trop redoutable. J'ai reçu avis qu'un pensionnat de demoiselles était, à Brienne, sur le point de s'insurger. Il y a du mécontentement : les jeunes têtes qui obéissent s'échauffent contre les vieilles têtes qui commandent.

HORTENSE.

Qu'a cela de commun avec moi ?

BONAPARTE.

Vous ne devinez pas ? à la première nouvelle de l'insurrection, j'entre au pas de charge avec mes grenadiers, la baïonnette en avant.

HORTENSE.

Chez des demoiselles ?

BONAPARTE.

Pourquoi pas ? la baïonnette est un passepartout en France. J'enlève le poste, et vainqueur, je réconcilie les mécontens, c'est-à-dire les mécontentes, et je vous mets à la tête de ce gouvernement, avec le titre de majesté.

HORTENSE.

Vous seriez donc roi ?

BONAPARTE.

Roi? plus que ça, peut-être, qui sait?

HORTENSE.

Il vous faudra de bons ministres.

BONAPARTE.

De bons ministres !... j'en inventerai.

HORTENSE.

Quelle folie !

BONAPARTE.

Et vous régnerez là.... comme moi ici. J'en ferai autant pour vous toutes, laissez-moi agir. En installant chacune de vous je dis :

Air : *Le Luth galant qui chanta les amours.*

Je suis vainqueur, je viens dicter des lois;
Que de ma sœur on connaisse les droits;
Elle commandera, j'ordonne qu'on l'accueille.
Le succès sera prompt :
Des lauriers que je cueille,
Hortense permettra que je prenne une feuille
Pour en parer son front.

HORTENSE.

Moi reine, moi commander aux autres?

PAULINE.

Me voir au milieu de mes sujets?

ÉLISA.

Etre entouré d'hommages!

BONAPARTE.

Il me semble que la députation se laisse un peu gagner par mes promesses. Aviez-vous prêté serment de tenir rigueur au chef de parti, au rebelle, à l'usurpateur?...

HORTENSE.

L'insurrection éclatera-t-elle bientôt dans le gouvernement que vous me donnerez?

BONAPARTE.

Il me paraît que votre majesté n'aime pas à attendre?

HORTENSE.

Ce n'est pas par ambition, mais mon élévation ne doit-elle pas suivre vos succès?

Air : Parlant pour la Syrie.

C'est pour vous que je prie.....
Un sentiment bien doux
Me dit qu'un jour ma vie
Doit s'embellir par vous.
L'espoir d'une victoire
Fait palpiter mon cœur :
Je le sens, votre gloire
Doit faire mon bonheur.

SCÈNE V.

Les Précédens, BERTRAND, *à la tête de plusieurs Élèves.*

BERTRAND.

Bonaparte, nous n'avons pas un instant à perdre, les bons pères nous menacent...

BONAPARTE, *lui faisant un signe de silence.*

Bertrand.....

ÉLISA ET PAULINE, *avec crainte.*

Mon frère....

HORTENSE.

Ils vont peut-être vous punir?....

Air : *Vous me quittez pour aller à la gloire.*

En ce moment une crainte inconnue
Vient me saisir.... elle enchaîne mes pas :
Si l'on vous met, hélas! en retenue,
Rêvez la gloire et ne m'oubliez pas.

PAULINE.

Mon frère, gardez ce souvenir, et venez promptement calmer notre inquiétude.

BONAPARTE.

Air : *A jeûn je suis trop philosophe.*

C'est à tort que vos cœurs s'alarment...
Qu'avec plaisir je reçois ce cadeau !
De ces trois couleurs qui me charment,
Je prétends faire mon drapeau.
Ah ! que ce gage d'alliance,
De vous, amis, soit respecté,
Peut-être un jour il sera pour la France
L'étendard de la liberté.

Mes sœurs et Hortense, regagnez votre hôtel. Je vous reverrai bientôt.... Je penserai à ce que je vous ai promis. Une escorte va vous accompagner.

HORTENSE.

Une escorte? Pourquoi?

BONAPARTE.

C'est une garde d'honneur que je veux donner à votre majesté. (*Sur un signe de Bonaparte, cinq Élèves se présentent.*)

PAULINE.

Ils sont gentils, ces petits soldats.
(*Les Élèves forment l'escorte.*)

EN CHOEUR.

Air : *Garde à vous.*

En avant,
En avant,
Nous sommes votre escorte,

Nous vous devons main-forte
En cas d'événement :
      En avant,
      En avant.

BONAPARTE.

Membres de l'ambassade,
Avec cette escouade.
Marchant à vos côtés
Vous serez respectés.

(Elles sortent accompagnées des élèves.)

SCÈNE VI.

BONAPARTE, BERTRAND.

BONAPARTE.

Maintenant, parle.

BERTRAND.

Lis.

BONAPARTE, *lisant.*

Tous les colléges se sont levés pour marcher contre moi.... Quelle victoire à remporter!...

BERTRAND.

D'un autre côté, les frères sont rentrés au châ-teau par les issues du parc; ils s'y sont renfermés.

BONAPARTE.

Nous en ferons le siége : 10,000 boules de neige vont fondre sur eux. Je dirigerai l'attaque.

BERTRAND.

J'ai trouvé des fusils ; ils ne valent pas grand chose, mais c'est égal. J'ai aussi deux tambours qui feront du bruit : tout cela les intimidera, et nous arriverons plus facilement à nous servir avec avantage (*montrant ses poingts*) des seules armes que nous ayons le droit de porter.

(*On entend le bruit du tambour ; ils viennent se ranger devant Napoléon. Les frères font une sortie ; on les reçoit à coups de boules de neige. Casse-bras est pris et amené à Napoléon. Casse-bras lui parle bas, et croise les mains sur sa poitrine, en signe de serment : ensuite il se met à genoux et débite ses patenôtres.*)

BONAPARTE, *aux siens.*

Tirez sur la droite, c'est le quartier-général de l'ennemi.

(*Il monte sur une éminence, et regarde avec la lunette. Nouvelle sortie des frères ; ils sont plus nombreux. Mêlée générale. Le théâtre reste vide, Napoléon lui-même s'est éloigné ; le bruit du tambour ne s'entend plus que dans le lointain ; le*

tumulte a cessé; morne silence. Bonaparte repa-
raît, il a l'air inquiet.

BONAPARTE.

Nous vaincus!... leur nombre nous a accablés...
Je n'entends plus rien : que ce silence est triste!..
(Plusieurs élèves traversent le théâtre et fuient en
désordre.)

SCÈNE VII.

NAPOLÉON, tous les Élèves.

BERTRAND.

Tout est fini.

BONAPARTE.

Que dis-tu?

BERTRAND.

Nous avons succombé sous le nombre; mais
un coup plus terrible que notre défaite n'est pas
encore connu de toi.

BONAPARTE.

Parle.

BERTRAND.

Les frères consentent à pardonner à tous les camarades...

BONAPARTE.

J'entends, moi seul suis excepté... Mes amis,

si votre bonheur est à ce prix, je m'éloignerai...
Je crois sans peine qu'ils se soient tous ligués contre moi, je les ai tant de fois humiliés.

BERTRAND.

Ne pourrions-nous résister encore?

BONAPARTE.

Non, non : adieu, adieu, mes amis.

Air : *De la Vieille.*

Je ne veux pas mettre d'obstacle
Au pardon.... acceptez la paix;
Mais dérobez-moi le spectacle
De vos pleurs et de vos regrets.
Adieu, hélas! doux rêve de victoire,
Adieu, plaisir, adieu, songe de gloire,
   Puisqu'en ce jour
   Un destin trop barbare
   De vous, amis, sans retour;
    Me sépare,
Je me résigne, et je subis sa loi,
Dans mon exil pensez à moi.

TOUS.

D'un sort cruel quand tu subis la loi,
Nos cœurs iront toujours vers toi.

(*Tous se groupent autour de lui.*)
Adieux de Fontainebleau.

TROISIÈME TABLEAU.

Le Théâtre représente une salle, au-dessus de la porte, on lit : *Salle Sainte-Hélène*, sur la gauche on voit une armoire remplie de vases de pharmacie ; tout près est un mortier sur son pied. Au fond à droite est un lit.

SCENE PREMIÈRE.

SŒUR MARTHE, *seule.*

J'AI reçu l'ordre de préparer cette pièce, et mon ouvrage est achevé ; les frères maintenant peuvent en disposer pour qui ils voudront..... Moi, je retourne près de mes malades. Sœur infirmière, nos fonctions sont un peu pénibles, mais elles ont aussi leur charme. Les frères ne nous voient pas toujours d'un bon œil..... Sœur Marthe, me disait, l'autre jour, frère Casse-bras, vous êtes en opposition directe avec nos principes de sévérité : comment voulez-vous que les enfans se portent bien, ils n'ont que des douceurs près de vous ? aussi, pour venir vous voir, ils se disent toujours malades.

SCÈNE II.

Soeur MARTHE, BERTRAND, LANNES, DUROC.

Air : Un bandeau couvre les yeux.

Ah! ah! ah! ah! ah! ma sœur,
Dans la tête, ah! quelle douleur;
Vrai, je suis bien malade,
J'ai la fièvre, hélas! je sens,
Que je ne puis marcher sans
Le bras d'un camarade.

SOEUR MARTHE.

A mes bontés confiez-vous;
Oui, vous soigner tous
Me sera bien doux.
Mais il faut qu'on vous examine;
Ainsi le veut la médecine.
Où souffrez-vous?

TOUS LES TROIS.

Ah! ah! ah! ah! ah! ma sœur, etc.

SOEUR MARTHE.

Que voulez-vous, mes enfans?

LANNES.

Être admis à l'infirmerie; nous sommes tous
malades.

SOEUR MARTHE.

N'y aurait-il pas aussi un peu de paresse?..

BERTRAND.

J'ai une douleur affreuse.

DUROC.

Moi, j'ai un point de côté.....

LANNES.

Moi, j'ai une faim d'enragé..... non, non, une fièvre d'enragé.

SOEUR MARTHE.

Vous savez bien que je ne puis prendre sur moi de recevoir personne à l'infirmerie.

LANNES, *apercevant frère Casse-Bras.*

Silence, voici frère Casse-bras.

DUROC.

Attention, qu'il ne découvre pas la ruse.

SCÈNE III.

Les Précédens, frère CASSE-BRAS.

FRERE CASSE-BRAS.

Eh ! bien, qu'est-ce que tout ça ? Ah ! vraiment, sœur Marthe, vous êtes la patronne des paresseux. Que veulent encore ces petits messieurs ?

SOEUR MARTHE.

Ils se disent malades.

FRÈRE CASSE-BRAS.

Si vous mettiez force chicotin dans vos potions, et si vous leur appliquiez cinquante sangsues chaque fois qu'ils demandent un morceau de sucre, vous ne les verriez pas aussi souvent.

LANNES, *bas aux autres.*

Nous ne serons pas admis.

FRÈRE CASSE-BRAS.

Air : *Un homme pour faire un tableau.*

Ma sœur, votre bonté nous perd,
Ah ! souffrez que je vous le dise,
Chaque jour ce temple est ouvert....

SOEUR MARTHE.

A qui donc?....

FRÈRE CASSE-BRAS.

> A la gourmandise.
> On voit autour de vos fourneaux
> S'ameuter la bande lutine :
> Vous dépensez tous nos pruneaux
> Pour solder leur indiscipline.

(*A Bertrand.*)

Voyons ta langue (*il tire la langue*), et toi? et toi?... Voyons-les toutes les trois ensemble? Vous avez des langues excellentes.... j'ai une très-mauvaise langue, en comparaison des vôtres; vrai, vous vous portez comme de petits chanoines.

SOEUR MARTHE, *à frère Casse-Bras.*

Regardez donc comme ils sont pâles.

FRÈRE CASSE-BRAS.

Eh ! bien, qu'on les mette à la diète la plus sévère. Ce sera tout profit pour nous... Allez vous coucher, mes petits amis.

Air : *Il faut de la Philosophie.*

> Au lit allez vite vous mettre,
> Le médecin pour vous voir va venir;
> Grâce à lui, je puis vous promettre
> Que vous n'aurez pas long-temps à souffrir.
> Egards, bonté, voilà ma seule antienne ;
> Ne pas le voir, ce serait être ingrats,
> Et vous direz tous, en quittant Brienne,
> Pour la douceur, ah ! vive Casse-Bras !

TOUS EN SORTANT.

Quel sort il vient de nous promettre,
Son médecin, nous dit-il, va venir :
Amis, au lit il faut nous mettre ;
Il est, je crois, aisé de nous guérir.

(*Ils entrent à droite.*)

SCÈNE IV.

Frère CASSE-BRAS, Soeur MARTHE.

FRÈRE CASSE-BRAS.

Si nous n'étions pas encore sur un volcan, je n'aurais pas cédé aussi vite à leur sollicitation ; mais à l'infirmerie, c'est juste comme s'ils étaient en prison, et c'est ce qu'il nous faut. Depuis que Bonaparte, renvoyé de l'école, est tombé malade, il est ici, et nous ne saurions agir avec trop de prudence : il est si remuant, si audacieux. Il faut le surveiller, sœur Marthe, il faut le soigner... Donnez-moi mon tablier et mes instrumens pharmaceutiques, que je prépare mes potions et mes lochs... Nous lui en ferons avaler, au petit camarade.

SCENE V.

Frère CASSE-BRAS, BONAPARTE.

BONAPARTE.

C'est une horreur!...

FRERE CASSE-BRAS.

Voilà mon malade.

BONAPARTE.

C'est une infamie.

FRÈRE CASSE-BRAS.

Comme il a l'air agité.

BONAPARTE.

C'est une lâcheté.

FRERE CASSE-BRAS.

Qu'avez-vous donc, mon bon ami?...

BONAPARTE.

Je suis de ces êtres qu'on tue, mais qu'on n'humilie pas; on m'a enlevé mes plumes, mes papiers, mon écritoire, est-ce par vos ordres?

FRERE CASSE-BRAS.

Non, c'est par ordre du médecin. Le travail vous est nuisible, vous avez besoin de calme, c'est pour votre repos.

BONAPARTE.

Dites plutôt pour le vôtre. Stupide précaution! Vous ne savez donc pas qu'enfermé dans une cage de fer, je remuerais encore tous mes amis, si telle était ma volonté.

Air: Soldat français né d'obscurs laboureurs.

Vous me privez de plumes, de papier,
Bonaparte est donc bien à craindre?
Ne luttez pas d'adresse, mon geôlier,
Avec moi vous seriez à plaindre.
Si je voulais faire un coup je dirais...

(Il écrit sur une ardoise qu'il jette par la fenêtre à la fin du couplet.)

Que cette ardoise en parcourant l'espace,
Gage certain de mon succès,
Aille porter aux miens, par ricochets,
Les plans que ma volonté trace.

FRERE CASSE-BRAS.

Ah! mon dieu, c'est sans doute un message qu'il envoie à ses camarades.

BONAPARTE.

Tàchez de suivre mon courrier. (*On entend du bruit au loin.*) Ils l'ont reçu.

FRÈRE CASSE-BRAS.

Il y aura encore du grabuge, c'est sûr... et je m'en vais bien vite...

BONAPARTE.

Vous me ferez plaisir, car, si je suis condamné

à rester ici, il serait par trop cruel de me con-
damner aussi à vous écouter.

FRERE CASSE-BRAS.

Air : *Des Blouses.*

Mon jeune ami, votre esprit est malade,
Qu'éprouvez-vous, que ressentez-vous?...

BONAPARTE.

Rien.

FRERE CASSE-BRAS.

Faut-il du loch ou de la limonade?

BONAPARTE.

Éloignez-vous, je me porterai bien.

Quand je le vois, mon esprit est malade,
Quand il s'en va, je n'éprouve plus rien.
Quel esprit nul, et quel pédant maussade ;
Il n'est plus là, maintenant je suis bien.

FRÈRE CASSE-BRAS.

En vérité, je crois qu'il est malade,
Et c'est à tort qu'il ne veut prendre rien.
Pourtant mon loch, ou bien ma limonade,
Dans son état lui feraient un grand bien.

(Il sort.)

SCÈNE VI.

BONAPARTE, puis BERTRAND, LANNES et DUROC.

BONAPARTE , *seul.*

Je mourrai ici, c'est sûr. Ils nomment l'espèce d'hôpital qu'ils me donnent une grâce, une faveur.

LANNES.

Bonaparte, nous voilà; nous venons partager ton sort.

Air : *Vaudeville de l'Écu de six francs.*

Ton absence était trop sentie,
Soudain nous avons arrêté
Qu'aux portes de l'infirmerie
Nous laisserions notre santé.
Sans toi, notre table incomplète
Était triste, et ne voulant pas
Nous séparer pour nos repas,
Tous quatre ici nous ferons diète.

BERTRAND.

Ici, tout sera en commun, tisane,

DUROC.

Bouillon aux herbes.

LANNES.

Pilules et sangsues.

BONAPARTE.

Voilà du dévoûment! C'est à la salle Sainte-Hélène qu'on connaît les vrais amis.

BERTRAND.

Si nous n'y sommes pas tous, c'est que tous nous n'avons pas pu y venir.

BONAPARTE:

Eh! bien, nous saurons employer notre temps; nous parlerons histoire, géographie, mathématiques, et nous ferons nos mémoires : vous écrirez, je vous dicterai :

Air : *Ma Toinon, prends un houzard.*

Puisque le sort nous rassemble,
En ces lieux nous resterons,
Et pour l'avenir ensemble
Mes amis vous écrirons.
Nous transcrirons la mémoire
D'un temps trop vite passé
Chaque jour de notre gloire,
N'est pas encore effacé.
Souvenir (*bis*), console notre avenir.

Nous dirons le nom des braves
Qui secondaient nos projets,
Quand du grenier jusqu'aux caves
Nous portions tous nos hauts-faits.
Nous pourrons citer, je pense,
Des traits qui nous font honneur,
Des actes de bienfaisance,
Et des preuves de valeur,
Souvenir (*bis*), console notre avenir.

SCENE VII.

Les Précédens, Frère CASSE-BRAS, Frère
IGNACE. (*On entend du bruit.*)

FRÈRE IGNACE.

Ah ! mon frère, nous sommes encore perdus.

FRERE CASSE-BRAS.

Bonaparte, vous avez encore fait des vôtres.
J'étais à la pharmacie à vous préparer cette petite
potion ; un bruit sourd attire mon attention....
J'écoute, le tumulte devient plus violent ; je suis
entouré, assailli par une bande de pensionnaires
qui avait découvert la petite porte qui communi-
que à l'infirmerie.

BONAPARTE.

C'est l'effet du messager que j'ai envoyé : tenez,
les entendez-vous ?

SCÈNE VIII.

Les Précédens, le reste des écoliers.

CHOEUR.

Air : *Bien, bien, on n'voit que des Suisses et des Gendarmes.*

Pon, pon,
Ouvrez-nous donc,

Malgré main-forte
Cette porte
A nos coups cédera,
Ou bien soudain on l'ouvrira.

FRÈRE CASSE-BRAS.

Ah! mon Dieu, quel affreux tapage...
Frère Ignace, capitulons.

BONAPARTE.

Il est trop tard, et le courage
Va l'emporter sur des poltrons.

FRÈRE CASSE-BRAS.

Ah! mon Dieu, mon Dieu, nous voilà encore
en leur possession.

LANNES.

Il faut les livrer au conseil de guerre; Bonaparte prononcera.

BONAPARTE.

Alors ce sera par la loi de nature, par celle du Talion. Frère Casse-bras a pris à tâche de nous rendre les breuvages qu'il nous préparait le plus amers possibles.... amis, faites-lui prendre toutes les potions qu'il tenait en réserve pour nous.

FRÈRE CASSE-BRAS.

Ah! mon Dieu, moi qui en avait préparé une des plus soignées pour le petit rebelle.

BERTRAND.

La sentence est prononcée, et le conseil de guerre à levé la séance : que l'arrêt s'exécute.

(Quatre Élèves entraînent frère Casse-bras et frère Ignace, qui se débattent, et ils sortent.)

UN ÉLÈVE.

Ils ne nous pardonneront pas cette dernière escapade.

BONAPARTE.

Rassurez-vous ; ils ont plutôt besoin de se disculper que de penser à nous punir. Le gouverneur dont les frères avaient envié la place, arrive aujourd'hui même, et il ne doit pas nous trouver coupables de nous être révoltés contre ceux qui se sont révoltés contre lui. *(On entend un roulement de tambour ; et dans le lointain on entend répéter : le gouverneur ! le gouverneur ! On bat une marche ; tous les élèves s'assemblent ; frère Ignace et frère Casse-bras s'échappent tout effarés et s'écrient : le gouverneur !)*

UN DES ÉLÈVES, *à Bonaparte.*

Nous leur avons administré, bon gré, malgré gré toute la potion.

FRERE CASSE-BRAS.

Frère Ignace.., éprouvez-vous comme moi ?

FRÈRE IGNACE.

Ah ! ne m'en parlez pas... — Haranguez le gouverneur.

FRÈRE CASSE-BRAS.

Haranguez-le vous-même... Je ne puis...

LE GOUVERNEUR.

Messieurs, me voici de retour parmi vous; je n'ignore pas les scènes qui se sont passées pendant mon absence.... Vous me donnerez des explications, n'est-ce pas, frère Casse-bras ?

CASSE-BRAS, *se tenant le ventre.*

Oui, Monsieur le gou... le gou... le gouverneur

LE GOUVERNEUR.

Et vous aussi, frère Ignace ?...

FRÈRE IGNACE.

Oui, Monsieur le gou... gou... gou... aïh.. gouverneur.

LE GOUVERNEUR.

Tout s'expliquera...Messieurs, tout le monde a des torts... chacun aura sa part de blâme. Avant la révolte qui a éclaté, le ministre m'avait chargé de distribuer à quelques-uns d'entre-vous des brevets de sous-lieutenant, à la condition de faire quelque temps d'étude à l'École-Militaire de Paris. Napoléon, Duroc, Lannes, Bertrand, sont au nombre de ceux qui ont obtenu les nominations.

FRERE CASSE-BRAS.

Quelle abomination !

FRÈRE IGNACE, *à part.*

Puisque le gouverneur prend le dessus, je crois, frère Casse-bras, que nous ferions bien de lui re-prêter serment, pour conserver nos places.

FRÈRE CASSE-BRAS.

J'y pensais... Dites donc, frère Ignace, ce sera le troisième que vous prêterez? mais c'est égal, n'est-ce pas?

BONAPARTE.

Mes amis, nous allons nous séparer.... mais Duroc, Bertrand, Lannes, nous partons ensemble pour Paris : notre carrière militaire commence en même temps... Voilà mon rêve de la nuit dernière qui s'accomplit déjà.... Monsieur le gouverneur, et vous mes amis, écoutez...

> Ah ! j'ai fait un rêve enchanteur :
> J'étais entré dans le génie,
> Et lieutenant d'artillerie,
> Je me voyais au champ d'honneur.

Là, mes destins s'agrandissent,
En tête je suis placé,
Et comme bien peu finissent,
Mes amis, je commençai.

A l'ennemi toujours fatal
Vingt fois j'assurai la défaite;
Aussi je changeai d'épaulette,
Et je fus nommé général.

Plus d'une noble conquête
Fit ma force et ma grandeur,
Et je plaçai sur ma tête
La couronne d'empereur.

Par moi prospéraient les beaux-arts,
L'honneur, la gloire et l'industrie ;
Enfin notre belle patrie
Du monde fixait les regards.

Du sort brillant de la France
Les peuples étaient jaloux :
Les rois, réduits au silence,
Étaient tous à mes genoux....

L'aigle altier qui guidait mes pas,
Était de ma force l'emblème,
Et de ma puissance suprême
Il fut témoin dans nos combats.

Quelle belle destinée,
On me voyait à la fois
Dans la même matinée,
Faire et défaire des rois.

Mais l'orage un jour sur mon front
Vint à gronder, à la tempête
Vainement, hélas, je fais tête,
Du sort il faut subir l'affront.

Des rois en bravant l'intrigue
Et leurs intérêts liés.....
Je vois contre moi la ligue
De ceux naguère à mes pieds.

Et sur un rocher africain ;
Un sort affreux alors m'exile,
Et bien loin, bien loin dans une île
De mes jours je traîne la fin.

Cependant dans mon escorte
Des amis forment un rang,
Sur les flots l'honneur te porte,
Et je te revois, Bertrand.

Tourment par de longs soucis,
Portant mes regards vers la France,
Je succombe sous ma souffrance,
Et ma tombe est loin du pays.

Mais sur mon nom qu'il honore
Le destin semble veiller.
Sur un souvenir encore
Mon ombre va s'éveiller

Mon pays secouant les fers,
Qui le tiennent en esclavage,
De ses despotes se dégage,
La liberté frappe les airs.

Ceux qui régnaient sur la France,
Sont chassés partout j'entends,
Aux cris de l'indépendance,
S'unir le nom d'Orléans.

C'est un fils de la liberté,
Voulant un étendard sans tache,

C'est la couleur de mon panache,
Qui vient parer sa royauté.

(Ici le fond du théâtre change ; on voit, au milieu des flammes aux trois couleurs, paraître la colonne Vendôme, au bas sont des trophées de drapeau tricolores, et les bustes de Napoléon et de Louis-Philippe.)

Il place sur sa couronnne
Ma cocarde, et roi nouveau,
Sur l'immortelle colonne,
Il fait flotter mon drapeau.

(Roulement de tambour et moment de silence.)

AU PUBLIC.

Ici mon rôle doit finir,
D'un héros en traçant la gloire,
J'ai fait une page d'histoire,
Et je la livre au souvenir.

TOUS.

Ici son rôle doit finir,
D'un héros en traçant la gloire,
Il fit une page d'histoire ;
Nous la livrons au souvenir.

FIN DU TROISIÈME ET DERNIER TABLEAU.

Contraste insuffisant

Mémoires du Dr BOISSARIE

1º De la sacro-coxalgie. Paris 1862.

2º De l'opération cérarienne. Travail lu à la Société de chirurgie le 3 août 1864.

3º Choléra infantile. Mémoire couronné par la Société de médecine de Bordeaux, médaille d'argent, concours 1866.

4º De l'embolie ; son étude critique, 1868.

Paris. A. PARENT, imprimeur de la Faculté de Médecine, rue M^r-le-Prince, 31.